Vorwort

Positive Rückmeldungen veranlassten mich 2007, diesen ursprünglich für den persönlichen Gebrauch gedachten Text zu veröffentlichen. Anhaltende Nachfrage und eigenes Bedürfnis motivierten mich nun zu einer Überarbeitung, um diese Übersicht als Hilfe zum Begreifen des Originals zu verbessern. Es ist eine Arbeitshilfe für den an Rudolf Steiners *Philosophie der Freiheit* interessierten Leser.

Zeitgebundene philosophische Auseinandersetzungen blieben unberücksichtigt. Am Ende sind Leitgedanken der einzelnen Kapitel zur eigenen Reflexion gesondert formuliert.

Aufgrund des skizzenhaften Charakters eignet sich dieses Resümee nicht zur Beurteilung des Originalwerkes. Wem letzteres zu aufwendig erscheint, der kann sich hier einen Überblick verschaffen. Ich wünsche diesem aber, dass er sich doch noch mit dem erhabenen und schönen Grundwerk Rudolf Steiners im Original befasst.

*November 2015*          *U. Frey*

Herstellung und Verlag: BoD - Books on Demand, Norderstedt
ISBN 978-3-7386-3080-0

# I Das bewusste menschliche Handeln

Kann der Mensch tun und lassen was er will, ist er also in seinem Handeln ein vollkommen selbst bestimmtes Wesen oder wird er dabei von außen bestimmt, ohne es vielleicht selbst zu bemerken. Der Philosoph Spinoza hat dies 1674 beispielhaft formuliert: wenn ein Stein angestoßen wird und sich deshalb fortbewegt, dann könnte er irrtümlich meinen, während er sich fortbewegt, dies aus eigenem Antrieb zu tun. So ergeht es auch dem Kind, das Milch begehrt oder dem Jungen der Rache schwört. Beide gehen davon aus, dies selbst zu wollen, bemerken dabei aber nicht, dass andere Ursachen, nämlich Hunger beziehungsweise Zorn sie leiten. Dagegen ist einzuwenden, dass das bewusste menschliche Handeln, dessen Beweggründe erkannt worden sind, nicht gleichgestellt werden darf, mit dem Handeln eines hungrigen oder zornigen Kindes.

Laut Eduard von Hartmann ist die Charakteranlage eines Menschen handlungsbestimmend. So wird eine Vorstellung erst durch den Charakter zum Beweggrund. Bestimmte Vorstellungen zwingen den Menschen zum Handeln, weil er die entsprechende Charakteranlage hat. Hier wird nicht berücksichtigt, dass ein Beweggrund auch mit Bewusstsein durchdrungen sein kann. Wenn es einen Unterschied zwischen einem bewussten Bewegrund meines Handelns und einem unbewussten Antrieb, wie Hunger, Zorn etc. gibt, dann müssten auch die jeweils daraus folgenden Handlungen unterschiedlich bewertet werden. Deshalb ist das Handeln aus Erkenntnis besonders zu beachten. Üben nämlich Vernunft, oder ein aus Einsicht gefasster Entschluss den gleichen Zwang auf den Menschen aus wie die animalischen Begierden, also wie Hunger oder Zorn, dann kann nicht von Freiheit gesprochen werden. Wird ein Motiv durch meinen Charakter zum zwingenden Beweggrund, obwohl mir dieses Motiv unvernünftig erscheint, dann müsste ich froh sein, dieses zwar gewollte aber nicht erwünschte Motiv gar nicht umsetzen zu können. Es kommt also nicht darauf an, ob wir einen gefassten Entschluss zur Ausführung bringen können, sondern wie der Entschluss in uns entsteht. Wenn wir nicht wissen warum wir etwas tun, dann kann dieses Handeln auch nicht frei sein.

Um ein Wissen über das Handeln zu bekommen, müssen wir uns denkend betätigen. Deshalb muss vor allem das Denken untersucht werden.

## II Der Grundtrieb zur Wissenschaft

Der Mensch gibt sich nicht zufrieden mit dem was er vorfindet, er strebt stets darüber hinaus. Dies trifft auch für das Erkennen zu. Es genügt uns nicht, einfach mit den Sinnen wahrzunehmen, sondern wir wollen uns diese Erscheinungen auch erklären können. Wir erleben die Dinge und wir erleben uns. Dabei grenzen wir uns als ein selbstständiges Wesen ab von der Welt der Dinge und schaffen somit den Gegensatz von Ich und Welt. Trotzdem fühlen wir, dass wir mit der Welt verbunden sind, dass wir ein Wesen in der Welt sind. Das geistige Streben entsteht, weil wir eben diesen Gegensatz, selbstständig zu sein, und doch zur Welt zu gehören, überwinden wollen.

Dies kann auf verschiedene Weise erfolgen. Der Religiöse sucht die Vereinigung mittels göttlicher Offenbarung, der Künstler sucht sie durch kreative Betätigung, indem er dem Stoff seine Ideen einprägt und somit sein Inneres mit der Außenwelt versöhnt. Auch der Philosoph bleibt nicht bei der Erscheinung stehen, er durchdringt denkend was er beobachtet.

Um unseren Zusammenhang mit der Welt wieder zu finden, aus dem wir uns durch unser Selbstbewusstsein gelöst haben, muss der Weltinhalt zu unserem Gedankeninhalt gemacht werden.

Zwei weltanschauliche Richtungen versuchen die Kluft auf unterschiedliche Weise zu überbrücken: der Dualismus kann als Zweiweltentheorie die Brücke zwischen Geist und Materie nicht finden. Der Monismus, als einheitliche Weltauffassung will die Gegensätze nicht wahrhaben. Entweder verleugnet er im Materialismus den Geist oder im Spiritualismus die Materie.

Wir haben uns zwar von der Natur losgerissen, aber wir haben etwas mitgenommen, was uns mit ihr verbindet, und was uns als zu ihr gehörig ihr verbindet, wodurch wir uns zu ihr gehörig fühlen. Dieses Naturwesen soll erst in uns gefunden werden, denn nur durch das Erkennen der Natur in uns, können wir sie auch außer uns wieder finden.

## III   Das Denken im Dienste der Weltauffassung

Wenn ich einen Vorgang in der Außenwelt nur beobachtend verfolge, hat dieser Vorgang einen von mir unabhängigen Verlauf. Sobald ich diesen Vorgang begrifflich durchdringe, werde ich tätig und erkenne mir vorher nicht bekannte Zusammenhänge. Anders als der Vorgang selbst, ist das begriffliche Durchdringen dieses Vorganges eine von mir abhängige Tätigkeit. Ich kann diese Tätigkeit nämlich sowohl ausführen als auch unterlassen. Beides hat keinen Einfluss auf den Ablauf des Vorgangs.

Wenn ich Beobachtungen aber denkend durchdringe, wird der Verlauf solcher von mir unabhängigen Vorgänge für mich vorhersagbar. Das Beobachten ist die Grundvoraussetzung aller Erlebnisse, denn nur in dem ich etwas beobachte, werde ich es auch gewahr. Das Beobachten allein schafft jedoch keine Begriffe, keine Erklärungen der Erlebnisse. Erst die Verbindung des Beobachteten mit dem Denken führt zum Erkennen der Zusammenhänge einzelner Beobachtungen. Beobachten und Denken sind somit die Ausgangspunkte des geistigen Strebens.

Das Denken richtet sich in der Regel auf das Beobachtete. Deshalb entzieht es sich der Wahrnehmung, weil die Aufmerksamkeit während des Denkens auf das Objekt des Denkens und nicht auf das Denken selbst gerichtet ist. Es kann sich aber auch auf sich selbst richten. Es kann sozusagen das Denken selbst wieder denkend beobachtet werden. Dies ist allerdings ein Ausnahmezustand, da normalerweise zwar Gegenstände und Vorgänge beobachtet werden, nicht aber das, diese Vorgänge erklärende Denken selbst.

Ich kann auch mein gegenwärtiges Denken nicht beobachten, sondern nur dessen Erfahrungen anschließend zum Objekt der Beobachtung machen. Wer sein Denken beobachtet, beobachtet diese seine Tätigkeit mit eben dieser selben Tätigkeit. Fügt man das Denken den Beobachtungselementen hinzu, so erweitert man die Zahl der Beobachtungsobjekte, nicht aber die Zahl der Beobachtungsmethoden. Da wir alles außer dem Denken ohne unser Zutun vorfinden, erleben wir auch alles außer dem Denken als rätselhaft. Denn Tätigkeit und Gegenstand sind beim Denken über das Denken dasselbe. Das Denken ist von allem anderen unabhängig, es besteht nur durch sich selbst. Das Denken ist in der Weltentwicklung zuletzt aufgetreten, weshalb zu deren Erklärung bei ihm begonnen werden muss. Nur beim Denken wissen wir wie es gemacht wird. Als erstes muss also das Denken selbst begriffen werden, denn es ist das Werkzeug zum Erkennen.

IV  Die Welt als Wahrnehmung

Zu den sinnlich wahrgenommenen Eindrücken fügt das Denken ein ideelles Gegenstück hinzu. Verschwindet der Gegenstand aus meinem Beobachtungsfeld, so bleibt dieses ideelle Gegenstück in meiner Erinnerung bestehen. Dieses in meiner Erinnerung Bleibende ist der Begriff des Gegenstandes.

Ein Begriff bleibt nicht für sich allein bestehen, er schließt sich mit anderen zu einem gesetzmäßigen Ganzen zusammen. So ist beispielsweise der Begriff Organismus mit den Begriffen Wachstum und Fortpflanzung verbunden. Durch diese Verbindungen entsteht ein geschlossenes Begriffssystem, welches je nach meinem Erfahrungshorizont unvollständig oder vollständiger ist, und welches durch wachsende Erfahrung erweitert wird. Eine Idee ist inhaltsvoller und umfangreicher als ein Begriff, sie schließt in der Regel viele Begriffe und deren wechselseitige Beziehungen und Abhängigkeiten mit ein. Ideen und Begriffe werden durch das Denken gewonnen, nicht durch die Beobachtung. Beobachtung und Begriff begegnen sich im menschlichen Bewusstsein und werden dort miteinander verknüpft. Das menschliche Bewusstsein ist der Vermittler zwischen Denken und Beobachten.

Richtet sich mein Denken auf einen Gegenstand, so habe ich ein Bewusstsein von diesem Objekt. Richtet sich mein Denken auf mich selbst, so habe ich Selbstbewusstsein. Das Denken ist somit weder an das Objekt noch an das Subjekt gebunden, es bildet diese beiden Begriffe wie alle anderen auch und ist deshalb nicht rein subjektiv. Das Denken führt mich über mein Selbst hinaus und verbindet es mit den Objekten. Andererseits stellt es mich diesen Objekten als Subjekt gegenüber. Darin besteht die Doppelnatur des Menschen.

Betrachten wir einmal die reine Wahrnehmungs-welt, wie sie sich uns ohne denkende

Durchdringung darbietet. Wir nehmen als Außenwelt eine Vielzahl von Farben und Formen, Töne, Gerüche usw. wahr, die auf der reinen Wahrnehmungsebene ein zusammen-hangloses Aggregat von Empfindungsobjekten bilden. In uns erleben wir Gefühle, welche wir ebenfalls nicht einordnen können. Dies ist die begrifflose Erfahrungswelt, in welcher ein Sinneseindruck in einen anderen räumlich und zeitlich übergeht, ein Gefühl das andere ablöst, ohne dass wir auch nur die geringste Ahnung haben warum und wieso.

Anders stellt sich uns die Wahrnehmungswelt dar, wenn das Denken seine Fäden zieht, wenn es Begriffe miteinander verknüpft und sie in ein Verhältnis zueinander bringt. Dann wissen wir, warum das eine auf das andere folgt, welche Funktionen die einzelnen Dinge haben und wie sie sich gegenseitig beeinflussen und bedingen.

Diese Verbindungen zwischen den Dingen, die das Denken aufdeckt haben nicht nur subjektive Geltung, sondern sind allgemein gültig.

Was ich wahrnehme ist zunächst von mir abhängig. Zum einen hängt es davon ab, an welchem Ort ich mich befinde, zum anderen aber auch von meiner körperlichen und geistigen Organisation. So fehlt beispielsweise dem Blinden in seiner Empfindungswelt die optische Wahrnehmung.

Was ist nun die Funktion unseres Wahrnehmens beim Zustandekommen einer Wahrnehmung? Was war vom Wahrgenommenen schon vorher da, bevor wir es wahrnehmen und wie oder was ist ein Wahrnehmungsgegenstand an und für sich?

Die Wahrnehmungen äußerer Dinge kommen und gehen, die Wahrnehmung meines eigenen Subjekts dagegen ist für mich bleibend. In meinem Subjekt bleiben die Wahrnehmungen der Dinge als Vorstellungen bestehen. Ich nehme in mir Vorstellungen wahr, wie Farben oder Töne an den Gegenständen der Außenwelt.

Ist nun der Gegenstand, wirklich so wie ich ihn mir vorstelle, oder wird er durch meinen

Wahrnehmungsprozess verändert? Vielleicht stimmt die Vorstellung, die ich von einem Ding habe, nicht mit dem *Ding an sich* überein.

Verfolgen wir deshalb den Weg eines Sinnesreizes von der Außenwelt über unser Sinnesorgan in das Gehirn, wo er uns als Empfindung bewusst werden soll. Wir schauen auf einen Tisch vor uns. Dieser Tisch löst auf unserer Netzhaut während der Wahrnehmung verschiedene elektrische und chemische Reaktionen aus. Diese Reaktionen werden durch den Sehnerv in das Gehirn weitergeleitet und enden dort in einer umschriebenen Region der hinteren Hirnrinde. Dies ist die letzte Stelle wo wir körperliche Reaktionen auf den äußeren Sinnesreiz, in diesem Fall den Tisch feststellen können. Den Tisch nehmen wir jedoch nicht als solchen in der besagten Gehirnregion wahr, sondern in unserem Bewusstsein werden die unterschiedlichen Sinneswahrnehmungen wieder an dem Gegenstand der Außenwelt als Vorstellung vereinigt. Diese Vorstellung soll dann jedoch mit dem Gegenstand selbst nichts gemeinsames mehr haben, da dieser ja durch den Wahrnehmungsprozess auf dem Weg durch unseren Organismus, hier vom Auge zum Gehirn völlig verändert wurde. Dann muss zusätzlich berücksichtigt werden, dass wir die Tischwahrnehmung nur bis zur Hirnrinde verfolgen können und der Beobachtungsweg beim Übergang vom letzten Gehirnprozess hin zum wahrgenommen Tisch der Außenwelt unterbrochen ist. Wenn mir also der Tisch nur als eine Vorstellung gegeben ist, welche mit dem *Tisch an sich* nichts zu tun haben soll, weil er auf dem Weg ins Gehirn verändert wurde, mit welchem Recht kann dann behauptet werden, dass das Auge, der Sehnerv und das Gehirn wirkliche Dinge sind und nicht genauso nur meine Vorstellung, die nichts mit dem *Auge, dem Sehnerv und dem Gehirn an sich* zu tun haben.

Auf diese Art und Weise, wie es der sogenannte kritische Idealismus versucht, kann also nicht festgestellt werden, was an einer Wahrnehmung während des Wahrnehmens geschieht, denn er behandelt die Dinge der Außenwelt als subjektive Vorstellungen, den eigenen Organismus hingegen als objektive Tatsache.

## V  Das Erkennen der Welt

Der kritische Idealismus hat, wie eben ausgeführt, keine Beweisskraft, weil er von Voraussetzungen ausgeht, die er selbst verwirft. Wenn alle wahrgenommenen Gegenstände nur Vorstellungen sein sollen, dann können die Sinneswerkzeuge nicht als Realität sondern auch nur als Vorstellung angesehen werden. Wieso sollten sie anders behandelt werden als andere Dinge. Wenn es zutrifft, dass wir die Dinge nicht in ihrer Wirklichkeit wahrnehmen können, sie also unserer Beobachtung unmittelbar nicht zugänglich sind, dann müssten wir versuchen heraus zu finden, was wir überhaupt von den

Dingen mittels unserer Vorstellungen erkennen können.

Diesen Weg geht die neuere Naturwissenschaft. Sie nutzt die Wahrnehmung als letztes Mittel, um Aufschluss über die hinter der Wahrnehmung stehenden Vorgänge der *Dinge an sich* zu gewinnen. Diese mit den Sinnen nicht wahrnehmbare Vorgänge hält die Naturwissenschaft für wahrhaftig.

Der kritische Idealist, versucht in seinem philosophischen Erkenntnisstreben die Vorstellung zu benutzen, um das Sein zu erkennen. Aber auch der Gedanke an das *Ding an sich* muss als Vorstellung bezeichnet werden. Selbst das Wissen von der eigenen Persönlichkeit kann unter diesen Bedingungen nur ein Vorgestelltes sein. Im absoluten Illusionismus wird deshalb auch die eigene Persönlichkeit lediglich zu einem Traumbild.

Der von Eduard von Hartmann vertretene transzendentale Realismus will von der Vorstellung der Dinge auf ihre wahre Natur schließen.

Wer aus einem Traum erwacht, betrachtet diesen nicht nach den Gesetzen der Traumwelt, sondern nach denen der realen Wirklichkeit. Selbst der Traumdeuter nimmt seine Erkenntnisse seines wachen Bewusstseins zu Hilfe. So wie der Traum sich zum Wachen verhält, so verhält sich das bloße Wahrnehmen zum Denken. Nur mit Hilfe des Denkens kann über die Wahrnehmung etwas ausgesagt werden. Das Denken schiebt sich zwischen die Wahrnehmungen. Der Gegenstand ist als Wahrnehmung keine Totalität, zu welcher das Denken dann noch hinzukommt. Das Denken und das Wahrnehmen sind die Elemente die unserer geistigen Organisation erst den ganzen Gegenstand, einschließlich seines Begriffes erschließen.

Das Subjekt kann nur einen begrenzten Ausschnitt aus der Gesamtheit aller Dinge wahrnehmen. Der Verstand verfügt nur über einzelne Begriffe aus dem allumfassenden in sich zusammenhängenden Begriffssystem.

Die Selbstwahrnehmung schließt mich innerhalb bestimmter Grenzen ein. Mein Denken hat aber mit diesen Grenzen nichts zu tun, es bestimmt mein begrenztes Dasein, wie alles andere Dasein auch von einer höheren Sphäre aus. Anders als mein individuelles Fühlen ist mein Denken universell.

So hat ein Dreieck nur einen Begriff, welcher allerdings von jedem Bewusstseinsträger in unterschiedlicher Weise gefasst wird. Das Denken aller ist aber eine Einheit. Im Denken schließen wir unsere Individualität mit dem Kosmos zu einem Ganzen zusammen. Im Fühlen erleben wir einen Teil des Kosmos auf individuelle Weise in uns.

Das Denken als absolute Kraft, lernen wir in einem peripheren Punkt, nämlich in unserem Bewusstsein kennen und nicht bei ihrem Ausströmen aus dem Zentrum der Welt. Denn dann wüssten wir im Augenblick des Bewusstwerdens alle Welträtsel. Das Denken greift über unser Sondersein hinaus zum allgemeinen Weltensein. In der Überwindung des Sonderseins liegt der Trieb zur Erkenntnis, den nur denkende Wesen haben. Dem denkenden Wesen stösst gegenüber dem Außending der Begriff auf. Die Erkenntnis liefert den Ausgleich von innen und außen, also zwischen dem Begriff und dem Ding. Nicht ein menschlich persönlicher Gott, wie ihn die konfessionelle Religion verkündet, nicht Kraft oder Stoff, wie es die Naturwissenschaft lehrt, und auch kein ideenloser Wille wie Schoppenhauer es beschreibt, sondern einzig der ideelle Inhalt ist das gemeinsame in den Einzelwesen dieser Welt. Das Denken ist nicht abstrakt. Ohne das Denken wäre die Welt der Wahrnehmung ein Aggregat zusammenhangloser Einzeldinge, ein bloßes Nebeneinander im Raum und Nacheinander in der Zeit. Das Denken zieht seine Fäden von Wesen zu Wesen, bewertet dabei Einzelwahrnehmungen und deckt deren Verbindungen miteinander auf. Dies ist eine inhaltvolle Tätigkeit. Der Wahrnehmungsinhalt ist uns von außen gegeben, der Gedankeninhalt erscheint im Inneren. So wie er zunächst in uns auftritt kann er Intuition genannt werden. Dieser Gedankeninhalt ist für das Denken, was die Beobachtung für die Wahrnehmung ist. Beides zusammen sind die Quellen unserer Erkenntnis.

Durch Intuitionen erschließt sich die volle Wirklichkeit. Dadurch wird das Ding wieder dem Weltganzen eingefügt, nachdem es durch unsere Organisation zuvor heraus gesondert wurde.

Die über die Wahrnehmung hinausgehende Beziehung vom Subjekt zum Objekt ist nur ideell. Zwischen den Wahrnehmungen können nur Gedankenbezüge gefunden werden. Nur das Denken bildet das Band zwischen Subjektivem und Objektivem. Der wahrgenommene Gegenstand verändert mein Subjekt. Es bleibt nämlich die Fähigkeit den Gegenstand, z.B. einen Tisch in der Erinnerung wieder hervorzurufen. Dieses Hervorgerufene ist dann die Vorstellung des Tisches, also die subjektive Wahrnehmung. Der anwesende Tisch dagegen wird objektiv wahrgenommen.

Nun wissen wir, wo die Vorstellung im Wahrnehmungsfelde zu finden ist, kennen aber noch nicht ihren genauen Begriff. Dieser kann uns dann Aufschluss über das Verhältnis von Vorstellung und Gegenstand geben.

## VI   Die menschliche Individualität

Ich selbst, mit allem was zu mir gehört, bin genauso wie jeder andere Gegenstand ein Teil des allgemeinen Weltgeschehens. Die Kräfte in meinem Körper sind die gleichen, wie die außerhalb von mir. Insofern bin ich auch wie alle Dinge. Für die Wahrnehmung sind beide, mein Körper und die Dinge in dem selben Weltganzen. Tritt aus dieser Welt ein Ausschnitt an mich heran, also habe ich eine bestimmte Wahrnehmung, so betätigt sich gleichzeitig durch mich auch das Denken und ein Glied in meinem Gedankensystem, eine bestimmte Intuition, ein Begriff verbindet sich mit dieser Wahrnehmung. Wenn die Wahrnehmung selbst wieder verschwunden ist, bleibt diese Verbindung als Vorstellung zurück. Diese Vorstellung ist die, auf diese bestimmte Wahrnehmung bezogene Intuition, sie ist ein individualisierter Begriff, wodurch für uns die Dinge der Wirklichkeit repräsentiert sind. Die Vorstellung steht zwischen Wahrnehmung und Begriff und ist der bestimmte, auf die entsprechende Wahrnehmung deutende Begriff. Die Summe all desjenigen, worüber ich mir Vorstellungen machen kann, ist meine Erfahrung. Wäre ich nur erkennend, dann erschöpfte sich das Objektive für mich in Wahrnehmung, Begriff und Vorstellung. Die Wahrnehmung wird aber nicht nur mit dem Denken auf den Begriff bezogen, sondern auch auf meine besondere Subjektivität, auf mein individuelles Ich. Dieser individuelle Bezug drückt sich als Gefühl aus, welches sich als Lust oder Unlust auslebt.

Im Denken machen wir das allgemeine Weltgeschehen mit, im Fühlen ziehen wir uns in uns selbst zurück. Durch reine Selbsterkenntnis wären wir uns vollständig gleichgültig. Erst mit dem damit verknüpften Selbstgefühl, dem Lust- und Schmerzempfinden leben wir über das bloße Begriffsverhältnis hinaus als individuell fühlende Wesen. Für das Individuum kann das Gefühlsleben sogar die wirklichkeitsreichere Bedeutung haben, allerdings geht im gedankenleeren Fühlen der Zusammenhang mit der Welt verloren. Parallel zur Erkenntnis sollte auch das Gefühlsleben ausgebildet und entwickelt werden.

Das Gefühl ist der Ausdruck des individuellen Bezuges der Wahrnehmung auf unser Subjekt. Es ist das Mittel, wodurch die Begriffe zunächst konkretes Leben gewinnen.

VII   Gibt es Grenzen des Erkennens

Das Erkennen überwindet die Zweiheit, in welcher mir ein Ding zunächst entgegentritt. Es fügt die Wahrnehmung und deren denkend erarbeiteten Begriff zu dem ganzen Ding zusammen. Die Welt ist dem Subjekt zunächst als Zweiheit (dualistisch) gegeben und wird vom Erkennen zur Einheit (monistisch) verarbeitet. Das sogenannte *Ding an sich,* also ein angenommenes, unserer Wahrnehmung zugrunde liegendes Objekt, ist eine unberechtigte Hypothese, da es außerhalb des Gebietes von Wahrnehmung und Begriff angenommen wird. Alles was zur Erklärung einer Erscheinung der Welt nötig ist, liegt in der Welt selbst. Nur individuelle Mängel hindern am Erkennen. Es gibt keine allgemeinen Erkenntnisgrenzen, sondern nur individuelle. Erst wenn das Ich die von ihm hervorgerufene Trennung von Wahrnehmung und Begriff wieder denkend zusammenfügt ist Erkenntnisbefriedigung eingetreten. Schranken der Erkenntnis sind vergänglich, sie können durch fortschreitendes Wahrnehmen und Denken überwunden werden. Die einzige Existenzform für die durch das Denken vermittelten Beziehungen zwischen den einzelnen Wahrnehmungen ist für uns der Begriff.

Wahrnehmungen beschränken sich allerdings nicht auf die Sinne. Es gibt darüber hinaus seelische und geistige Wahrnehmungen. Auch für diese gilt, dass ihr Begriff erst durch das Denken tätig erarbeitet werden muss, damit sie uns in ihrer Wirklichkeit erkennbar werden.

## VIII    Die Faktoren des Lebens

Wir haben gesehen, dass die Welt dem Menschen zunächst als eine Vielheit, als eine Summe von Einzelheiten gegenüber tritt und auch er selbst eine dieser Einzelheiten ist. Wir finden also alles, einschließlich uns selbst zunächst als bloße Wahrnehmung vor und nehmen auch uns selbst innerhalb der Welt der Wahrnehmungen wahr. Allerdings taucht in der Mitte dieser Selbstwahrnehmung etwas auf, was uns mit den anderen Wahrnehmungen verbindet. Dieses Etwas ist nicht eine bloße Wahrnehmung. Es wird auch nicht einfach vorgefunden, sondern es wird durch unsere Tätigkeit hervorgebracht. Es führt uns über uns selbst hinaus und es fügt jeder Einzelwahrnehmung ideelle, sich aufeinander beziehende Bestimmungen bei. Auch das Selbst wird durch dieses in gleicher Weise ideell bestimmt und wird so als Subjekt oder „Ich" den Objekten gegenüber gestellt.

Dieses Etwas ist das Denken und die ideellen Bestimmungen sind die Begriffe und Ideen. Wir erschöpfen uns aber nicht in der Herstellung rein ideeller Beziehungen zwischen den Wahrnehmungen und zwischen uns und den Wahrnehmungen, wir sind also nicht bloß erkennende oder wissende, sondern auch fühlende und wollende Wesen.

Wir beziehen die Wahrnehmungen nicht nur denkend ideell auf uns, also durch den Begriff, sondern auch noch fühlend. Dabei ist die ideelle Bestimmung objektiver Natur, das Fühlen bleibt ein rein individueller Akt. Im Gefühl erleben wir einen individuellen Bezug der Außendinge auf unser Subjekt, im Wollen dagegen nehmen wir umgekehrt den individuellen Bezug unseres Selbst auf das Objektive wahr.

Weder Gefühl noch Wille können deshalb zum universellen Prinzip erklärt werden. Sie sind nämlich beide wie alles andere auch nur Wahrnehmungen. Wird das Gefühl wie beim Mystiker zum Erkenntnisprinzip oder der Wille wie beim Willensphilosoph zum Weltprinzip erklärt, dann wird dadurch behauptet, dass ein Teil des unmittelbar wahrgenommenen die Wirklichkeit sei. Dies ist genauso unzureichend, wie wenn im naiven Realismus die unmittelbare Sinneswahrnehmung bereits als volle Wirklichkeit angesehen wird.

Das Bedürfnis, durch etwas anderes als durch das Denken zum Wesen der Wirklichkeit vorzudringen, entsteht deshalb, weil das wesenhafte Denken sich leicht der Aufmerksamkeit entzieht. Dabei hat dieses wesenhafte, lebendige Denken auch intensive Gefühls- und Willenselemente und gerade weil es so unvergleichlich reichhaltig ist, erscheint sein Nachklang im gewöhnlichen Seelenleben tot und abstrakt. Deshalb wir es dann zu Unrecht als gefühllos, kalt und wirklichkeitsfern verkannt.

## IX    Die Idee der Freiheit

Das Denken kann durch unbefangene Beobachtung als eine in sich geschlossene Wesenheit unmittelbar angeschaut werden. In ihm kann in einem sich selbst tragenden Wesensweben gelebt werden, denn die Wesenheit des Geistigen bietet sich dem Menschen zunächst in dem auf sich selbst beruhenden Denken dar. Wenn das Denken beobachtet wird, fallen Begriff und Wahrnehmung in eines zusammen. Erst in der denkenden Durchsetzung der Wahrnehmung wird die volle Wirklichkeit erforscht. Das Denken wird durch Intuition als eine auf sich selbst ruhende geistige Wesenhaftigkeit im Bewusstsein gegenwärtig. Nur durch Intuition kann die Wesenheit des Denkens erfasst werden.

Die leiblich-seelische Organisation des Menschen bewirkt nichts am Wesen des Denkens. Sie weicht vielmehr zurück und gibt dem Denken Raum. Das Denken bereitet sein Erscheinen durch den Leib vor, indem es die menschliche Organisation in ihrer Tätigkeit zurückdrängt und sich an deren Stelle setzt.

Während das "Ich" innerhalb des Denkens zu finden ist, tritt das "Ich-Bewusstsein" dadurch auf, dass im allgemeinen Bewusstsein sich die Spuren der Denktätigkeit wie Fußspuren in erweichtem Boden eingraben.

Um einen Einblick in den Zusammenhang zwischen Denken, bewusstem Ich und Willenshandlung zu gewinnen, wird beobachtet, wie die Willenshandlung aus der menschlichen Organisation hervorgcht.

Das Motiv ist als ein vorgestellter, begrifflicher Faktor und der augenblickliche Bestimmungs-grund, die Triebfeder dagegen der bleibende Bestimmungsgrund des Individuums. Die einzelnen Individuen unterscheiden sich je nach ihren charakterologischen Anlagen in ihren Triebfedern. Deshalb wirken Motive in unterschiedlicher Weise auf sie. Durch diese unterschiedliche Art der Wirkung von Motiven auf die einzelnen Charaktere unterscheiden sich die Menschen in ihren Verhaltensweisen. Meine charakterologische Anlage wird gebildet durch meinen Vorstellungs- und Gefühlsinhalt. Je nachdem, wie dieser Inhalt beschaffen ist, bereitet mir eine bestimmte Vorstellung oder ein bestimmter Begriff Lust oder Unlust und wird dadurch Handlungsmotiv oder nicht. Eine Wahrnehmung kann unmittelbar, ohne dazwischentreten eines Gefühls oder Begriffes zum Motiv werden, das heißt gewollt werden. Dies ist bei den Begierden der Fall. Wenn z.B. Hunger, Durst oder Geschlechtstrieb als unmittelbare Wahrnehmung das Wollen auslösen, kann dies als die erste Stufe des individuellen Lebens bezeichnet werden.

Dies kann auch für das taktvolle Handeln zutreffen. Dann nämlich, wenn wir ohne weiter nachzudenken oder etwas dabei zu fühlen auf eine Wahrnehmung eine entsprechende

Handlung des konventionellen Umganges folgen lassen.

Die zweite Stufe menschlichen Lebens liegt vor, wenn Gefühle, die sich an die Wahrnehmungen der Außenwelt knüpfen, zu Triebfedern des Handels werden. Hierzu gehören beispielsweise Schamgefühl, Stolz, Demut, Reue, Mitgefühl, Rache- oder Pflichtgefühl.

Drittens können Motive durch Denken und Vorstellen gebildet werden, wenn uns nämlich auf Grund von Erfahrung bei bestimmten Wahrnehmungen auch Vorstellungen von Handlungen bewusst werden, die wir in einem ähnlichen Fall selbst ausgeführt oder von anderen ausgeführt gesehen haben.

Als vierte und höchste Stufe kann auch das begriffliche Denken ohne Rücksicht auf einen bestimmten Wahrnehmungsgehalt Motive schaffen. Dann wird das reine Denken zur Triebfeder unseres Handelns. Dies ist beim Handeln unter dem Einfluss von Intuitionen der Fall. Hierbei ist die Triebfeder nicht mehr bloß individuell, sondern der ideelle und folglich allgemeine Inhalt meiner Intuition.

Sowohl äußere Autoritäten, wie Familie, Staat oder kirchliche Institutionen, als auch das eigene Innere, z.B. als Gewissen, können unser Handeln bestimmen. Es bedeutet einen Fortschritt, wenn nicht lediglich dem Gebot einer äußeren oder inneren Autorität gefolgt wird, sondern wenn versucht wird einzusehen, aus welchem Grund eine bestimmte Handlung erfolgen soll. Solches Handeln erfolgt dann nicht aufgrund autoritärer Moral sondern aufgrund sittlicher Einsicht. Das höchste denkbare Sittlichkeitsprinzip entspringt aus dem Quell der reinen Intuition und hat zunächst keine Beziehung zur Wahrnehmung. Hierbei dient einer Handlung nur ihr Ideengehalt als Motiv. Alle anderen Bestimmungsgründe treten an die zweite Stelle und somit kommt in erster Linie die begriffliche Intuition als das höchste Motiv selbst in Betracht. Triebfeder und Motiv sind dann identisch. Eine solche Handlung verläuft dann nicht schablonen- oder automatenhaft oder nach vorgefassten Regeln, sondern wird einzig und allein durch ihren ideellen Gehalt bestimmt.

Diese Art von Handlung setzt die Fähigkeit der moralischen Intuition voraus. Ohne die Fähigkeit, im einzelnen Fall die besondere Sittlichkeitsmaxime zu erleben, gibt es kein wahrhaft individuelles Wollen. Kant hingegen fordert, dass die Grundsätze des eigenen Handels so zu fassen sind, dass sie für alle Menschen gleichermaßen gelten können. Damit ist dann allerdings kein individueller Antrieb des Handelns mehr möglich. Maßgebend kann nicht sein, so zu handeln wie alle Menschen handeln würden, sondern nach dem was für mich in dem individuellen Fall zu tun ist.

Die Menschen unterscheiden sich in ihrem Intuitionsvermögen. Dem einen mangelt es nicht an Ideen, der andere muss sie sich mühsam erwerben. Auch die Lebenswelten der Menschen sind verschieden. Deshalb ist auch die Ideenwelt in jedem Menschen individuell verschieden ausgeprägt und macht so die Summe der in ihm wirksamen Ideen, den realen Inhalt seiner Intuition aus. Die höchste moralische Triebfeder ist das Ausleben lassen dieses, auf das Handeln gehenden intuitiven Inhalts. Dieser Standpunkt kann *ethischer Individualismus* genannt werden.

Eine intuitiv bestimmte Handlung zeichnet sich durch das Auffinden der entsprechenden, ganz individuellen Intuition für den konkreten Fall aus. Der Antrieb zu einer solchen Handlung entspringt nicht Normen oder Regeln, sondern einer Sittlichkeitsmaxime, die intuitiv in mir leben kann und die verbunden ist mit der Liebe zu dem Objekt, welches ich durch meine Handlung verwirklichen will. Eine solche Handlung führe ich aus, sobald ich die Idee davon gefasst habe, ohne einen Menschen oder eine Regel zu befragen, ob ich diese Handlung ausführen soll. Ich bin selbst der Handelnde, weil ich meiner Liebe zu dem Objekt folge, ohne mich dabei einer inneren oder äußeren Autorität unterzuordnen. Die Handlung wird "gut" sein, wenn meine in Liebe getauchte Intuition mit dem intuitiv zu erlebenden Weltzusammenhang harmoniert, anderenfalls wird sie "böse" sein. Eine solche Handlung unterliegt keinem Zwang, weder dem der Natur, noch dem der Triebe oder dem sittlicher Gebote. Nur was in mir liegt will ich dann ausführen.

Zwar versucht auch der Straftäter seine Individualität auszuleben. Seine Antriebe entspringen jedoch nicht den intuitiv erlebten individuellen Anteilen der allgemeinen Ideenwelt, sondern den instinktiven, triebhaften Elementen, welche eben nicht aus dieser Ideenwelt, sondern aus dem außerideellen allgemeinsten Menschlichen stammen.

Eine freie Handlung hingegen kann nur aus dem ideellen Teil meines individuellen Wesens hervor gehen. Nur der Mensch ist frei, der in jedem Augenblicke seines Lebens sich selbst zu folgen in der Lage ist. Freiheitliches Handeln schließt die sittlichen Gesetze mit ein. Es steht jedoch höher, als ein Handeln, welches nur von diesen

Gesetzen diktiert wird. Der freie Mensch ist nicht mehr angewiesen auf eine festgelegte sittlich-moralische Ordnung. Solche allgemeine Normen haben ihre Berechtigung, solange der Mensch noch nicht in der Lage ist, sein Handeln intuitiv aus der Ideenwelt zu bestimmen. Diese Ideenwelt ist allgemein gültig, deshalb kann es zwischen den aus ihr schöpfenden Individuen auch keine Missverständnisse geben. Der freie Mensch lebt in der Liebe zum Handeln und hat Verständnis für das Wollen des anderen. Weil die menschlichen Individuen eines Geistes sind, können sie sich auch nebeneinander ausleben. Der Freie vertraut, dass der andere Freie mit ihm einer geistigen Welt angehört und sie sich in ihren Intentionen begegnen werden.

Ein freier Geist kann der Mensch nur aus eigener Anstrengung werden. Die Gesellschaft formt ihn zum gesetzmäßig handelnden Wesen. Bis zu diesem Stadium haben Regeln und Gesetze ihre Berechtigung. Darüber hinaus muss der Mensch seine Entwicklung selbst in die Hand nehmen.

Die freie Geistigkeit ist das letzte Entwicklungs-stadium des Menschen und erst wenn wir frei sind, sind wir wahrhaft Menschen.

## X Freiheitsphilosophie und Monismus

Vom naiven Standpunkt aus, für welchen nur sinnlich Wahrnehmbares gültig ist, werden auch für das sittliche Leben mit den Sinnen wahrnehmbare Beweggründe gefordert. Zunächst wird noch einem einzelnen anderen Menschen geglaubt, mit fortschreitender Entwicklung dann einer Mehrheit, beispielsweise dem Staat oder der Gesellschaft. In der nächst höheren Stufe dann einer übermenschlichen Kraft, welche aber mit sinnlich wahrnehmbaren Eigenschaften vorgestellt wird, beispielsweise als leibhaftiger Gott. In der höchsten Entwicklungsstufe des naiven Realismus auf dem Gebiet der Sittlichkeit, wird das Sittengebot als absolute

Kraft im eigenen Inneren gedacht. Es wird hier zu einer durch sich selbst existierenden metaphysischen Wesenheit. Wird diese Wesenheit allerdings als an sich gedankenlos, nach rein mechanischen Gesetzen wirkend gedacht, wie es bei einer materialistischen Denkweise der Fall ist, dann sind auch alle meine Handlungen nur Ergebnisse der meiner leiblich-geistigen Organisation zugrunde liegenden materiellen Vorgänge und das Bewusstsein der Freiheit bliebe damit Illusion. Die dualistische Weltauffassung sieht das außermenschliche Absolute in einem hinter den Erscheinungen stehenden geistigen Wesen und damit wird auch der Antrieb zum Handeln in einer solchen absoluten geistigen Kraft gesucht. Der Mensch handelt dann nicht, weil er will, sondern weil er im Interesse dieses außermenschlichen Wesens zu handeln hat.

Für den Monismus ist die Idee gleichbedeutend wie die Wahrnehmung. Die Idee kann im Menschen zur Erscheinung kommen und dieser empfindet sich frei, wenn er ihren Antrieben folgt. Der Mensch ist frei, wenn er sich selbst gehorcht, unfrei, wenn er einem wahrnehmbaren äußeren Zwang folgt. Der Mensch findet sich nach monistischer Auffassung zunächst unfrei in der Welt der Wahrnehmung vor und verwirklicht in sich den freien Geist. Dann verwirklicht er nicht fremde, sondern seine eigenen Ratschlüsse und Intentionen. Sofern er intuitive Ideen verwirklicht, verfolgt er keine fremden Zwecke mehr, sondern nur seine eigenen. Ein unter physischem oder moralischem Zwang handelndes Wesen kann nicht wahrhaft sittlich sein. Der freie Geist überwindet das automatische, instinktiv-triebhafte Handeln und das gehorsam normative Handeln, welches notwendige Vorstufen der Sittlichkeit sind. Freiheit ist die menschliche Form, sittlich zu sein.

Das Erleben des Denkens hat allgemeine, für jeden Menschen gleiche Bedeutung. Die denkend erarbeiteten Ideen leben sich jedoch in jedem

Bewusstsein individuell aus. Dies ist kein Widerspruch, denn beim Erkennen der Ideenwelt lebt sich der Mensch in deren allgemein Gültiges hinein. Er individualisiert einen Teil dieser Ideenwelt, wenn er aus ihr die Intuitionen für seinen Willensakt entlehnt.

## XI   Weltzweck und Lebenszweck

Bevor der Mensch eine Handlung ausführt, stellt er sich diese vor. Die Handlung als späteres wirkt also, ihre Zweckmäßigkeit betreffend über die Vorstellung auf das Frühere, hier den handelnden Menschen.

Bei Ursache und Wirkung ist es umgekehrt, hier bestimmt ein vorhergehendes Ereignis ein späteres. Zuerst nehmen wir die Ursache, dann die Wirkung wahr. Ursache und Wirkung blieben nebeneinander im Bewusstsein liegen, wenn wir nicht ihre entsprechenden Begriffe miteinander verbinden könnten. Erst nach der Wahrnehmung der Ursache, kann die der Wirkung folgen. Die Wirkung kann nur über den begrifflichen Faktor einen realen Einfluss auf die Ursache haben, denn der Wahrnehmungsfaktor der Wirkung ist vor dem der Ursache gar nicht vorhanden. Deshalb kann nicht behauptet werden, dass in der Natur die Blüte der Zweck der Wurzel sein soll, also die Blüte einen Einfluss auf die Wurzel haben soll. Dies gilt nur für den durch das Denken an der Blüte konstatiertem Faktor, ist also ein ideeller Zusammenhang. Dadurch, dass die Ursache - anders als beim menschlichen Handeln - hier nicht real durch einen wahrnehmbaren Prozess beeinflusst wird, kann der Zweckbegriff nicht angewendet werden. So glaubt der naive Realist irrtümlich, nach dem zweckmäßigen Muster wie er Werkzeuge baut, baue auch der Schöpfer Organismen. Genauso wenig kann philosophisch ein außerweltlicher Weltzweck oder eine außermenschliche Bestimmung, also ein Zweck des Menschen angenommen werden. Der Zweckbegriff gilt nur für das menschliche Handeln. Es gibt Naturgesetze aber keine Naturzwecke. Auch der Mensch hat nur den Zweck, die Bestimmung, die er sich selbst gibt. Er setzt sich seine Aufgabe im Leben selbst. In der Natur kann nicht von Zweckmäßigkeit geredet werden, weil die sie bestimmenden Ideen nicht von außen wirksam sind, sondern in ihren Wesen wirken. Das Naturwesen wird nicht zweckmäßig von außen, z.B. durch den Plan eines Weltschöpfers, sondern ursächlich und gesetzmäßig von innen bestimmt.

Mit der Ablehnung eines absoluten, nicht erlebbaren, nur hypothetisch erschlossenen Weltwesens entfällt auch der Grund zur Annahme von Welt- und Naturzwecken. Dies bedeutet nicht, dass alles nur natürliches Geschehen ist. Der Zweckbegriff wird für eine geistige, außerhalb des menschlichen Handelns liegende Welt abgelehnt, weil in dieser geistigen Welt ein höheres als ein sich im menschlichen

Dasein verwirklichender Zweck zur Offenbarung kommt.

## XII   Die Moralische Phantasie

Der freie Geist handelt nach seinen Impulsen. Diese sind durch das Denken aus dem Ganzen seiner Ideenwelt ausgewählte Intuitionen. Seine Entschlüsse sind somit etwas absolut neues. Wobei es ihn nicht kümmert, was andere in diesem Falle getan oder dafür befohlen haben. Er hat rein idccllc Bcwcggründe, warum er aus der Summe seiner Begriffe gerade einen Bestimmten heraushebt und in eine Handlung umsetzt. Seine Handlung gehört aber der wahrnehmbaren Wirklichkeit an, ist also im Ergebnis mit einem bestimmten Wahrnehmungsinhalt identisch. Der Begriff muss sich somit in einem konkreten Einzelgeschehnis verwirklichen. Das Mittelglied zwischen dem Begriff und der Wahrnehmung ist die Vorstellung. Beim unfreien Geist sind die Motive unmittelbar als Vorstellungen im Bewusstsein vorhanden. Er handelt nach Vorbildern oder ihm gegebenen Regeln. Gesetze regeln sein tun und lassen. Er befolgt sie, weil ihm konkrete Hinweise über folgenschwere Konsequenzen, wie Strafe oder Verdammnis im Falle einer Nichtachtung gegeben werden. Für den freien Geist ist die Quelle seines Handelns die moralische Phantasie, womit er seine Ideen verwirklicht und somit auch sittlich produktiv ist. Durch seine Handlungen schafft der Mensch keine neuen, sondern prägt bereits vorhandene Wahrnehmungen. Um ein bestimmtes Wahrnehmungsobjekt umzubilden, muss er dessen gesetzmäßigen Inhalt begreifen sowie den Modus zur Verwandlung dieser Gesetzmäßigkeit finden. Die Fähigkeit, die Welt der Wahrnehmungen umzuformen, ohne ihren naturgesetzlichen Zusammenhang zu durchbrechen ist moralische Technik. Anders als die Naturgesetze werden die moralischen Gesetze von uns erst geschaffen.

Dann sind sie anwendbar und können weitergegeben werden. Die sittlichen Ideen eines Individuums sind wahrnehmbar aus denen seiner Vorfahren hervorgegangen. Sittlich fruchtbar ist das Individuum aber nur, wenn es selbst moralische Ideen hat. Die sittliche Weltordnung kann von Ursachen innerhalb der erlebbaren Welt abgeleitet werden. Das Wesen eines sittlichen Wollens erschöpft sich nicht durch das Zurückführen auf einen übernatürlichen göttlichen Einfluss, sei es eine Offenbarung wie die zehn Gebote Moses oder die Erscheinung Gottes auf Erden. Was durch alles dies an und im Menschen geschieht wird erst zum Sittlichen, wenn es im menschlichen Erlebnis zu einem individuellen Eigenen wird.

Die Ursachen der sittlichen Prozesse müssen im Menschen, dem Träger der Sittlichkeit gesucht werden. Das sittlich-freie Leben ist eine geistige Fortsetzung des organischen Lebens.

Verwirklicht das menschliche Wollen rein ideelle Intuitionen, ist es frei. Der Mensch empfindet eine Handlung als frei, wenn er sie als Abbild einer ideellen Intuition findet. Frei bin ich dann, wenn ich durch die moralische Phantasie die meinen Handlungen zugrunde liegenden Vorstellungen selbst bestimmen kann, also diese Vorstellungen selbst produzieren kann und nicht von außen kommende Beweggründe ausführe. Wer von fremden Motiven getrieben wird handelt unfrei. In dem Maße, wie es dem Menschen gelingt, im Wollen die Seelenstimmung zu verwirklichen, wie sie in ihm bei bewusster Ausgestaltung rein ideeller Intuitionen lebt, in dem Maße ist der Mensch auch frei.

XIII    Der Wert des Lebens

Für Vertreter des Optimismus ist die gegebene Welt die bestmögliche und das Dasein in ihr von unschätzbarem Wert. Die Pessimisten wiederum sehen das Dasein als eine Last und das Nichtsein sei dem Sein unter allen Umständen vorzuziehen, weil die Summe der Unlust bei weitem die der Lust überwiege.

Der Wert des Lebens kann aber nicht durch bloße Bilanzierung aller Lust- und Unlusterlebnisse bestimmt werden. Wird ein gewünschtes Zicl nicht erreicht entsteht Unlust, aber die Freude am Begehren während der Zielverfolgung muss wiederum als Lust gezählt werden. Entpuppt sich eine Lustempfindung später als Illusion, so darf auch diese Empfindung für die Zeitspanne vor der Desillusion nicht als Unlust bewertet werden. Die Vernunft allein ist nicht in der Lage, den Überschuss an Lust oder Unlust abschließend zu bestimmen. Sie muss diesen Überschuss als Wahrnehmung im Leben zeigen, also ihre Rechnung anhand der Tatsachen überprüfen. Möglicherweise stimmt es nicht, dass wir Menschen den Wert des Lebens von der Menge empfundener Lust oder Unlust abhängig machen. Wären wir primär veranlagt nach Lust zu streben, die - wie die Pessimisten meinen - unmöglich zu erreichen ist, dann wäre das Nichtsein in der Tat erstrebenswerter als das Dasein. Vorausgesetzt wir machten den Wert des Lebens abhängig vom Lustüberschuss, dann wäre jeder Trieb wertlos, der uns einen Überschuss an Unlust beschert. Je größer die Bedürfnissumme und je kleiner der Genuss, desto geringer fällt die Befriedigung des Triebes aus. So nimmt für ein Lebewesen bei gleichbleibender Genussmenge mit Vermehrung seiner Bedürfnisse der Wert seiner Lebenslust ab. Dies gilt in der Summe allgemein für alles Leben in der Natur. Der Wert einer Lust wird im Leben an den Bedürfnissen gemessen. Die Lust wird mit dem Maßstab der Begierden gemessen. Die Lustmenge hat dann vollen Wert, wenn sie an Ausprägung und Dauer genau mit unserer Begierde übereinstimmt. Steigert sich bei zunehmender Lustmenge unser Verlangen nicht in gleichem Maße, wird die Lust in Unlust umschlagen. Das Übermaß eines an sich angenehmen Gefühles wird zum Schmerz. Unsere Begierden sind nicht abstrakt sondern konkret und können deshalb nur durch bestimmte Befriedigungen gestillt werden, wie z.B. der Hunger nur durch Nahrungsaufnahme und nicht durch Spazieren gehen. Ist der Widerstand gegen die Erfüllung eines Begehrens größer als die Begierde und letztlich unüberwindbar, dann wird dieses Begehren erlahmen und ihr Bestreben einstellen. Wird die Erfüllung unter in Kaufnahme großer Unlustmenge doch noch erreicht, so kann die Lust gerade deshalb größer ausfallen, als wenn sie sich mühelos eingestellt hätte. Alle Lebewesen bringen ihre Triebe solange zur Entfaltung, solange sie im Stande sind, die entgegenstehenden Schmerzen und Qualen zu ertragen. Der Maßstab des Wollens ist nämlich nicht die Bilanz von Lust und Unlust, sondern er ist die Begierde, welche sich durchsetzt, so lange sie kann. Der Wert der Lust wird nicht durch ihren verbleibenden Wert nach Abzug der mit ihr verbundenen Unlust bestimmt, sondern danach, ob sie trotz vorhandener Unlust noch einen Wert behält. Der Grund menschlicher Betätigung ist die Hoffnung auf eine nach Überwindung aller Schwierigkeiten mögliche Befriedigung. Aus dieser Hoffnung entspringt die Arbeit jedes einzelnen und die ganze Kulturarbeit. Auch die sittlichen Aufgaben sind konkrete natürliche und geistige Triebe, deren Befriedigung trotz dabei anfallender Unlust angestrebt wird. Die sittlichen Ideale entspringen aus der moralischen Phantasie des Menschen. Sie sind seine Intuitionen, von seinem Geist gespannte Triebfedern, die er verwirklichen will, weil ihre Verwirklichung ihm höchste Lust ist. Die Verwirklichung dieser seiner Ideale ist ihm ein Genuss, womit verglichen die Lust, welche er aus der Befriedigung alltäglicher Triebe zieht, armselig ist. Bringt der Mensch die volle wahre Menschennatur zur Entfaltung, dann will er aus eigenem Antrieb selbst das sogenannte Gute verwirklichen, ohne dass ihm dies vorgeschrieben, oder er durch philosophische Überlegungen dazu überzeugt werden muss. Die Freiheit erscheint nicht an Handlungen aus sinnlicher oder seelischer Nötigung, sondern an solchen, die von geistigen Intuitionen getragen sind.

XIV    Individualität und Gattung

Jeder Mensch ist gruppenzugehörig, wodurch Teile seines Wesens einem bestimmenden Einfluss unterliegen. Solche Gruppen sind z.B. die Volkszugehörigkeit, die Familie, das Geschlecht. Der einzelne Mensch kann sich im

Laufe seiner Entwicklung zunehmend von diesen Gruppeneinflüssen lösen und Eigenschaften und Funktionen an sich entwickeln, deren Bestimmungsgrund dann nur noch in ihm selbst gesucht werden kann. Das Gattungsmäßige ist ihm dann lediglich ein Mittel, worin er seine besondere Wesenheit ausdrücken kann. Neben dem jeweiligen Gattungsbegriff müssen zum vollen Verständnis eines Menschen daher seine individuellen Eigentümlichkeiten beachtet wer-den, welche nur durch ihn selbst und nicht mehr durch die Gruppenzugehörigkeit erklärt werden können. Das Bestimmen des Individuums nach den Gesetzmäßigkeiten seiner Gattung hört da auf, wo das Gebiet der Freiheit im Denken und Handeln beginnt. Aus dem Gattungsmäßigen kann deshalb nicht allein abgeleitet werden, wie der Einzelne zu denken hat. Durch eine Wissenschaft der allgemeingültigen Gattungsbegriffe kann die menschliche Individualität nur teilweise erfasst werden, und zwar insoweit als sie eben noch diesem Gattungsgemäßen angehört. Für die Anteile eines Menschen die frei sind von Einflüssen der jeweiligen Gruppe können wir zur Erklärung seines Denken und Handeln nicht abstrakte Gedanken und Gattungsbegriffe zu Hilfe nehmen. Eine freie Individualität wird nur dadurch verstanden, dass ihre Begriffe, nach denen sie sich ja selbst bestimmt, unverfälscht in unseren Geist herübergenommen werden. Nur der Teil eines Menschen, welchen dieser vom Gattungsmäßigen befreit hat, ist als freier Geist innerhalb eines menschlichen Gemeinwesens zu betrachten. Kein Mensch ist nur Gattung, keiner ausschließlich Individualität. Wahren ethischen Wert hat aber nur der Teil seines Handelns, der aus seinen Intuitionen entspringt und somit auch frei ist von Einflüssen und Zwängen einer Gruppe. Alle moralischen Phantasieerzeugnisse der freien Individuen bilden zusammen das sittliche Leben der Menschheit. Dies ist das Ergebnis des Monismus.

## Die Konsequenzen des Monismus

Alles was zur Erklärung der Welt benötigt wird, kann der menschlichen Erfahrung entnommen werden. Auch die Quellen des Handels werden innerhalb der beobachtbaren menschlichen Natur, nämlich in der moralischen Natur gesucht. Die erlebbare denkende Beobachtung bringt zur Vielheit der Wahrnehmungen die Einheit hinzu, über die das menschliche Erkenntnisbedürfnis den Eingang in die physischen und geistigen Weltbereiche sucht. Nur für unsere Wahrnehmung ist der Zusammenhang des einzelnen menschlichen Individuums mit dem Ganzen des Kosmos unterbrochen. Diese vermeintliche Selbstständigkeit entpuppt sich als bloßer Schein des Wahrnehmens, wenn das Wahrgenommene durch intuitives Denken in das Netz der Begriffswelt eingespannt wird. Das in sich geschlossene Universum findet der Mensch nur durch intuitives Denken, welches den Schein des

Wahrnehmens zerstört und unser Individuum in das Leben des Kosmos eingliedert. Das Denken umspannt subjektives und objektives zugleich, und im Zusammenschluss von Wahrnehmung und Begriff wird die totale Wirklichkeit vermittelt. Die abstrakte Form des Begriffes ist rein subjektiv, nicht aber der durch das Denken aus der Wirklichkeit entnommene zu der Wahrnehmung hinzu gewonnene Inhalt des Begriffes. Dieser Inhalt ist eine nicht durch das Wahrnehmen vermittelte Erfahrung. Unsere geistige Organisation reisst die Wirklichkeit in die beiden Faktoren abstrakter Begriff und Wahrnehmung auscinander. Die volle Wirklichkeit ist der Zusammenhang beider, die gesetzmäßig sich in das Universum eingliedernde Wahrnehmung. Die bloße Wahrnehmung für sich zeigt der reinen Beobachtung ein zusammenhangloses Chaos. Andererseits liefert uns die Gesetzmäßigkeit der Wahrnehmung bloß abstrakte Begriffe. Die Wirklichkeit ist erst in der denkenden Beobachtung enthalten, die den

Zusammenhang von Begriff und Wahrnehmung erfasst. Erst wenn wir zu den Wahrnehmungen die Ideen finden, leben wir in der Wirklichkeit und müssen dann nicht außerhalb unserer Erfahrungswelt eine höhere Wirklichkeit suchen. Das Absolut-Wirkliche liegt innerhalb des intuitiv Erfahrbaren und der Inhalt der Erfahrung wird damit als das Wirkliche erkannt. Das Erkennen ergreift die Wirklichkeit in ihrer wahren Gestalt, nicht in einem subjektiven Bilde.

Der Begriffsinhalt der Welt ist für alle menschlichen Individuen derselbe und in jedem menschlichen Individuum lebt sich derselbe Weltinhalt aus. Für jede Einzelwahrnehmung gibt es nur einen Begriff, welcher von jedem Wahrnehmungssubjekt aufgefasst wird. Alle Wahrnehmungssubjekte werden vom Denken auf die gemeinsame ideelle Einheit geführt. Blickt der Mensch auf die, in ihm aufleuchtende allumspannende Ideenwelt, sieht er in sich das absolut Wirkliche lebendig aufleuchten. Sobald ich denke, sehe ich den ideellen Inhalt eines anderen Menschen auch als den meinigen an. Der Einzelne ergreift mit seinem Denken die gesamte Ideenwelt nur zum Teil, deshalb unterscheiden sich die Individuen im tatsächlichen Inhalt ihres Denkens. Aber die Denkinhalte aller Menschen sind in einem in sich geschlossenen Ganzen umfasst. In seinem Denken wird der Mensch durch das gemeinsame, alle Menschen durchdringende Urwesen ergriffen. Das mit dem Gedankeninhalt erfüllte Leben in der Wirklichkeit ist zugleich das Leben in Gott. Das Diesseits hat den Grund seines Bestandes in sich. Alle nicht auf erlebtem Denken ruhenden Schluss-folgerungen über ein Jenseits sind Abstraktionen aus der Erfahrung. Eine solche Abstraktion ist z.B. ein vermuteter Gott als ein ins Jenseits versetzter Mensch. Der menschliche Geist kann in der diesseitigen Welt verbleiben, denn alles findet er zu ihrer Erklärung auch in ihr. Auch die Ziele menschlichen Handelns sind keinem angenommenen außermenschlichen Jenseits zu entnehmen, sondern der Mensch muss seinem Handeln selbst einen Inhalt geben. Geht er über die Befriedigung seiner naturgegebenen Triebe hinaus, muss er die Bestimmungsgründe seines Wollens mittels seiner eigenen moralischen Phantasie suchen, oder sich Bequemlicherweise von der moralischen Phantasie anderer leiten lassen. Kommt er über seine sinnlichen Triebe und über die Ausführung von Befehlen anderer hinaus, dann wird er ausschließlich durch sich selbst bestimmt. Er handelt dann nur aus eigenem Antrieb, welcher ideell allerdings in der einigen Ideenwelt bestimmt ist. Nur in dem Menschen liegt der Grund für die Umsetzung einer Idee in die Wirklichkeit. Bevor eine Idee zur Handlung wird, muss der Mensch dies wollen. Solches Wollen hat seinen Grund nur im Menschen. Der Mensch ist dann das letzte Bestimmende seiner Handlung und somit ist er *frei*.

**Leitgedanken zu den einzelnen Kapiteln:**

I:

*Das denkend durchschaute Handeln ist ein anderes Handeln.*

II:

*Natur in sich erkennen, lässt sie auch draußen wiederfinden, denn in und um uns waltet ein Gemeinsames.*

III:

*Das Denken denkend beobachten, um es und alles mit ihm zu begreifen.*

IV:

*Das Denken verbindet uns und die Welt, es trennt und bindet, erfasst und ordnet das wahrzunehmende.*

V:

*Aus bloßem Wahrnehmen erweckt das Denken, umfasst verbindend uns mit Allem, denn nur beim Denken sind Sein und Erscheinung ein und dasselbe.*

VI:

*Menschliches Dasein ist durch Denken universell und durch Fühlen individuell.*

VII:

*Wahrnehmungswelt und Begriffswelt werden durch das Denken zur Wirklichkeit vereinigt.*

VIII:

*Im unumschränkten, lebendigen Denken finden sich auch Gefühl und Wille wieder.*

IX:

*Ist der Ideengehalt der Handlung erkannt, kann sie frei vollbracht werden.*

X:

*Nur der reinen Idee folgen, bedeutet ohne Zwang, also frei zu handeln.*

XI:

*Der Mensch kann seinen Zweck nur selbst bestimmen.*

XII:

*Erkenne und bestimme ich die Gründe meines Wollens, wird mein Handeln frei sein.*

XIII:

*Lust aus befriedigtem Trieb ist gebunden und arm; reich dagegen Genuss aus geistigem, frei erschlossenem Quell.*

XIV:

*Nicht Gebote sondern freie Intuitionen bedingen wahrhaft ethisches Handeln.*